AF358085

ÉLOGE FUNÈBRE

DE

MONSEIGNEUR

Louis-Joseph VASSAL

PRONONCÉ DANS L'ÉGLISE DE MÉZIÈRES

LE 6 MARS 1912

PAR MONSIEUR LE SUPÉRIEUR

DU PETIT SÉMINAIRE DIOCÉSAIN

REIMS

TYPOGRAPHIE, LITHOGRAPHIE LUCIEN MONCE

71, RUE CHANZY

*Virum bonum et benignum, verecundum visu,
modestum moribus : ...manus protendentem orare
pro omni populo.*

Ce fut un homme bon et plein de bienveillance ;
son aspect était vénérable ; ses actes inspirés par
la modération et la sagesse... Les mains étendues,
il priait pour tout le peuple.

(II. *Macchabées*, xv, 12.)

MES FRÈRES,

Au temps d'Antiochus, roi de Syrie, Judas Macchabée, ayant formé le dessein de secouer le joug qui pesait sur son peuple, l'appela à la révolte et aux armes. Or, un jour qu'il devait combattre Nicanor, homme encore plus impie que cruel, il sentit que le courage des siens fléchissait. C'est que le triomphe définitif, toujours espéré, semblait toujours s'enfuir comme un décevant mirage ; et Jérusalem captive pleurait son temple profané ; et dans les plaines arrachées à la servitude, on avait creusé tant de tombes, qu'à peine pouvait-on faire un pas sans saluer la mémoire d'un vaillant tombé pour le pays.

Judas adressa donc à ses soldats des paroles d'encouragement et d'espérance, puis certain de relever ainsi l'abattement de leur cœur, il leur montra vivant en Dieu et les protégeant toujours de ses mains bénissantes, Onias, le grand prêtre, qui avait été, pendant ses jours mortels, l'honneur et la force du peuple d'Israël.

Je me garderai bien d'assimiler, en les exagérant, nos épreuves de chrétiens à la dure persécution que souffrit alors Israël. Mais serai-je excessif en disant, qu'à certaines heures, la tristesse pèse aussi sur nos âmes et les fléchit ? Lassitude de combattre, douleur d'avoir vu l'Eglise, notre Jérusalem, dépouillée, et de la savoir captive ; deuils répétés, deuils qui dépeuplent la vie comme celui qui nous réunit aujourd'hui. Et ne puis-je espérer relever à mon tour l'énergie de nos âmes et les encourager à l'action, en vous montrant, tel que nous l'avons connu, mais vivant désormais et nous bénissant encore au sein de la paix éternelle, l'homme bienveillant et bon, rempli de modération et de sagesse, le pasteur incomparable que fut Mgr Louis-Joseph Vassal, prélat de la Maison de Sa Sainteté, curé-archiprêtre de Mézières.

Ceux qui avaient une fois rencontré Mgr Vassal ne perdaient plus son souvenir.

C'était un grand vieillard dont les années avaient légèrement courbé la haute taille. Son visage vénérable, encadré de longs cheveux blancs, s'éclairait de deux grands yeux profonds dont l'éclat s'était à peine voilé. Il allait d'un pas mesuré, parlait lentement d'une belle voix grave qui charmait l'oreille et pénétrait jusqu'au cœur. Réservé dans ses manières et de premier abord un peu froid, son impeccable courtoisie le datait. Il était un des derniers représentants de cet ancien clergé, loué par Lacordaire, en qui « le grand air sacerdotal annonçait tout ensemble la distinction de la nature et l'élévation de la grâce ».

Au moral, c'était la sagesse même.

La sagesse essentielle et souveraine, c'est Dieu. En

Lui, toutes les pensées sont vérité, tous les jugements justice, tous les actes absolue perfection. Chercher en Dieu les principes qui doivent régir nos actions et nos jugements, juger des hommes et des choses selon ces principes, conformer nos actes à nos jugements, et nos paroles à nos actes, c'est, si je ne me trompe, toute l'humaine sagesse, splendide reflet de l'éternelle vérité et de l'immuable justice.

Or, si l'homme peut aisément concevoir cet idéal et le proposer à ses laborieux efforts, la médiocrité en retient le grand nombre éloigné. Pour que la sagesse, en effet, domine en reine sur notre vie, il ne suffit pas que nous ayons reçu du ciel la rectitude parfaite de l'esprit ; mais il nous faut encore assez de noblesse d'âme et d'énergie de volonté, pour nous défendre contre les influences qui se liguent pour obscurcir la netteté de notre vision ou dévier la droiture de nos jugements : c'est l'orgueil qui plie les principes aux exigences de notre ambition ; c'est la jalousie qui dénie la stricte justice à qui nous porte ombrage ; l'intérêt propre, que nous grandissons à la hauteur de raison d'Etat ; la colère, cette ivresse de l'esprit ; la mobilité, qui se refuse le temps de rechercher et d'assembler les termes de ses jugements ; ce sont le tempérament, l'âge, l'éducation, que sais-je enfin ? Nous sommes assiégés par l'erreur, et Salomon avait bien raison de dire qu'il ne pourrait dénombrer la multitude de ceux qui s'égarent hors des voies de la sagesse. Mgr Vassal ne les quitta jamais d'un pas.

Il parlait peu et lisait moins encore. De cela, j'oserai lui faire un mérite, parce que le silence des lèvres et de l'imagination le conduisait au recueillement de l'esprit qui permet d'écouter, d'observer et de réfléchir.

Ecouter, observer, réfléchir fut un des emplois de
sa vie. C'est que Mgr Vassal n'acceptait pas les idées
faites. Si sa parfaite urbanité lui interdisait de contre-
dire, il emportait vos pensées dans son âme silencieuse
pour les soumettre au lent contrôle de sa raison et
aux lumières de son expérience. La vérité, qu'il cher-
chait de toute la pénétration de son regard et de toute
la loyauté de son âme, lui apparaissait enfin ; et, si
familier était son commerce avec elle, qu'il la discer-
nait, sans hésitation, de ses plus séduisantes contre-
façons. Il y adhérait alors de toute son âme, doucement
inflexible, sans plus vouloir s'en séparer : « On dit,
confiait-il un jour, non sans mélancolie, on dit que
je cède sur les principes. Non, je ne cède pas sur les
principes, quand ce sont des principes. »

Cette prudence redoublait, s'il est possible, quand
il lui fallait juger des événements et des hommes.
Mgr Vassal ne niait pas l'existence du mal ; mais il
voulait qu'on usât d'extrème réserve avant de déclarer
un homme ou méchant ou coupable : « Nous ne
connaissons pas, répétait-il souvent, tous les détails
de l'affaire ; pourquoi nous prononcer ? » C'était
bonté, mais plus encore sagesse. Que de fois, en effet,
nous nous reprochons en secret d'avoir été injustes
pour autrui par manque de lumière ou précipitation
de jugement. Mgr Vassal ne dut jamais connaître cette
sorte de remords : même quand la faute était indénia-
ble, il la couvrait encore par un mutisme dont rien
ne pouvait vaincre l'obstination.

Je l'ai surtout admiré au temps de la Séparation.
De toutes parts on s'affolait et l'on se répandait en
paroles. Lui, demeurait douloureusement calme et
perdu dans ses pensées. Chacun ayant trop déjà de

songer à lui-même, la solitude s'était faite autour de l'Archiprêtre, dans les grands soirs d'hiver.

Plus d'une fois, sans doute, assis devant le foyer, dont ses mains étendues écartaient de son front les ardeurs, le vieillard, jetant les regards vers sa chère église, dont les arceaux majestueux lui apparaissaient tremblants dans les premières ombres de la nuit, dut se ressouvenir... Près de quatre-vingts ans de vie !... Que d'événements et combien de disparus !... Les morts, il eût été trop long d'y penser ; mais les choses !... Là-bas, tout à l'horizon de sa vie, sur la grand'route balayée par les frimas du nord, la maison paternelle. Reims et M. Aubry ; le vicariat de Charleville ; Bannogne « où l'on était bien heureux » ; le vicariat de Notre-Dame, sous le Cardinal Gousset ; Haybes. « le meilleur temps de la vie » ; Asfeld, « qu'on n'aurait jamais voulu quitter » ; Rocroi, « où l'on avait pensé mourir » ; Mézières enfin. Ah ! Mézières ! aujourd'hui après hier. Hier. lumineux de jeunesse, de joie et d'espérance ; aujourd'hui, où il faisait si triste qu'on aurait voulu le repos ou mourir. Mais il fallait bien faire jusqu'au bout son devoir, et, tant que les jours seraient mauvais, rester, Pasteur vieilli, au milieu du troupeau dont l'affection et le respect avaient entouré sa jeunesse.

On le trouva dans ces souvenirs, cherchant à faire pénétrer un rayon de lumière dans le chaos de ce présent où s'égarait sa pensée. « Je n'y vois pas bien clair, répétait-il; mais ils feront beaucoup de mal..... N'espérez pas rentrer dans votre Séminaire ; vous n'y rentrerez plus..... On ne fermera pas les Églises... C'est trop violent pour durer. » Et il n'ajoutait pas un mot de flétrissure ou de plainte.

Quelques semaines plus tard, Louis Vassal, curé de Mézières, était invité à comparaître en justice pour avoir dit la messe. Le respect des autorités civiles était une des religions du prélat. Il comparut donc. Il lui fut demandé s'il avait dit la messe. Il l'avait dite. On le pria de présenter sa défense. Le vieillard leva sa haute taille et prononça lentement : « Je n'ai rien à dire pour ma défense. » Ce silence était, comme sa présence, la plus sévère des leçons.

Tant de sagesse en avait fait un oracle. Si les esprits agités appelaient timidement sa modération, lenteur, ceux qui savent juger et qui, ayant longuement vécu et pratiqué les hommes, ont appris que rien n'est moins simple que la vie, le devoir étant plus facile à remplir qu'à connaître, lui avaient voué un culte de confiance et de respect. Ses Archevêques s'éclairaient de ses conseils; le clergé recherchait ses lumières; dans la paroisse, sa parole faisait autorité. — Les administrateurs du département, au temps du Concordat, avaient en singulière estime ce négociateur dont la loyauté et la sagesse étaient toute la diplomatie; plusieurs tinrent à honneur de rester ses amis et leur admiration l'eût élevé aux premières dignités ecclésiastiques, s'ils ne se fussent toujours heurtés à l'invincible modestie de celui qui ne voulait être que l'Archiprêtre de Mézières.

Sa modestie n'avait, en effet, d'égale que sa sagesse, à moins que ce ne fût sa bonté.

La bonté de Mgr Vassal! Est-il quelqu'un parmi nous qui n'en soit pas le débiteur? Revoyez-vous ses accueils en haut des degrés du presbytère; son beau visage très calme et souriant au visiteur; sa main discrètement tendue ?... Entendez-vous encore le mot de bienvenue, jamais banal, qui dilatait le cœur?

Quand on était moins connu de lui, cette bienveillance se tempérait d'une imperceptible réserve ; mais du jour où l'on s'était donné, son grand cœur s'ouvrait pour recevoir l'ami nouveau et le combler de ses fortes tendresses. La maison curiale devenait votre maison. Elle semblait s'attrister quand on la quittait, comme la maison paternelle au départ de ses fils ; elle fêtait nos retours comme on accueille la présence longtemps désirée d'un enfant bien-aimé.

O virum ineffabilem, non morte vincendum ! O homme ineffable, non, la mort n'aura pas raison de vous, mais vous vivrez dans nos cœurs dont vos bontés ont adouci les douleurs et relevé les faiblesses, et votre vie continuera d'enseigner à la nôtre qu'il est une force supérieure au raisonnement qui convainc ou à l'éloquence qui entraîne, la bonté qui désarme et pardonne.

** **

Tel était l'homme : voici le prêtre.

La grâce sacerdotale identique d'essence en chaque prêtre, se diversifie, selon les hommes, dans ses applications et ses effets. « Jésus-Christ, dit saint Paul, a donné ceux-ci en qualité d'apôtres, ceux-là en qualité de prophètes, ceux-là en qualité d'évangélistes, ceux-là enfin comme pasteurs et comme docteurs. [1] »

« Monseigneur, disait un jour le jeune abbé Vassal à son Archevêque, si l'on vous a dit que je ne suis point un homme d'études, on a dit la vérité. J'aime avant tout le ministère. » Il fut donc Pasteur, Pasteur modèle.

---

[1] *Ephésiens*, IV, 11.

Comment concevait-il ce pastorat des âmes ? Prêtres, nous aurons profit à le rechercher ; fidèles, édification à l'entendre.

Dans les derniers mois de son séjour à Mézières, ses yeux affaiblis évitaient le trop vif éclat de la lumière artificielle. Vers deux heures donc, il prenait son grand bréviaire et le lisait lentement à la lumière du jour. « Je profite, » disait-il ; puis, avec un bon sourire : « Quand on fera mon éloge funèbre, on pourra dire que j'ai toujours réservé pour le bréviaire le meilleur de mes journées. » La parole était profonde, et, sans que Mgr Vassal l'ait voulu certes, révélatrice de son âme sacerdotale.

Quand on est jeune, on s'illusionnerait aisément sur le pouvoir réel de la parole humaine ou l'efficacité certaine des industries de zèle. Plus tard, quand on a connu d'expérience ce mystère de grâce qui s'appelle la conversion des âmes, on s'avoue la grande vanité de toute action sacerdotale purement humaine et l'on en vient à cette conviction que le prêtre agit d'autant plus qu'il prie mieux. Or, avoir ainsi prélevé, sur chacune des journées de cinquante-six ans de vie sacerdotale, les meilleures heures, pour les donner à Dieu par la prière publique et l'offrande du sacrifice rédempteur, c'est avoir supérieurement compris l'obligation essentielle du ministère pastoral et s'en être excellemment acquitté.

Au sortir de ces conversations avec Dieu, Mgr Vassal trouvait les âmes. Assidu au confessionnal, il recevait leurs aveux, les guidait d'après la plus sûre théologie morale, évitant d'user envers elles d'autorité, mais les amenant à désirer comme spontanément et à réaliser d'elles-mêmes l'amendement de leurs faiblesses. Au temps de son vicariat à Notre-Dame, il avait été un prédicateur admiré ; sur la fin de sa vie, il parla d'expérience et sans préparation de parole ; mais qui ne lui eût envié cependant l'éloquence de sa sagesse et de son cœur ? — « Il faut visiter les malades, » disait-il à ses jeunes collaborateurs, et lui-même allait à leur chevet les bénir et les pardonner. — « Il faut faire les catéchismes avec exactitude, » et lui-même, quand il était besoin, catéchisait les enfants. — Les pauvres et les riches lui étaient également proches. N'étaient-ils pas, les uns et les autres, ses paroissiens au même titre ? Aussi, quand il les voyait réunis nombreux dans quelque cérémonie religieuse, procession de la Fête-Dieu, de la Vierge d'Espérance, solennité de l'Adoration Perpétuelle, son visage était radieux et on l'entendait dire : « Décidément, Mézières est toujours une bonne paroisse. »

Un jour, « la bonne paroisse, » que la prélature de son Archiprêtre avait rendue si fière, apprit avec une émotion profonde, que le Curé voulait irrévocablement la quitter. Pour celui-ci, les fonctions curiales formaient un tout intégral auquel il ne pouvait retrancher sans faillir au devoir. « Voyez, disait-il, j'ai de mauvaises jambes et je ne puis visiter les malades ; je ne chante plus la grand'messe ; je n'entends plus les confessions ; je ne suis plus curé de la paroisse. » Et si l'on objectait que celle-ci se tiendrait trop heureuse, s'il demeurait uniquement pour prier, lui garder son grand exemple et sa sagesse : « Non, répondait-il ; d'ailleurs, c'est fait. Mais je n'adresserai pas d'adieu ; je ne le pourrais pas. Après trente ans, cela coûte de se séparer. » Désormais, il ne prononça plus le nom de Mézières qu'avec un accent de tendresse. « J'ai eu la visite de M. l'Archiprêtre de Mézières, disait-il dans sa retraite de Maubert ; elle m'a fait un grand plaisir. » Et c'était dit simplement et cordialement, comme il faisait toutes choses.

Dans son bel éloge funèbre de Mgr Vassal, M. le Vicaire Général louait le prélat de ce qu'il avait joint aux vertus pastorales, le respect de l'autorité et la charité, qui sont la caractéristique des meilleurs prêtres.

Universelle, libérale, discrète, sa charité se voulait aussi gracieuse. Les pauvres, les malades, les œuvres de charité, les œuvres diocésaines, l'Institution Saint-Remi, le Denier du Clergé, les Séminaires, ont expérimenté sa bienfaisance. Lui, si ménager des biens de sa Fabrique ou des deniers des fidèles, ne savait plus compter quand il donnait du sien. A ses royales aumônes, il ne mettait qu'une condition, qu'on en gardât le secret. Venait-on à le trahir, l'Archiprêtre qui ne prenait jamais d'humeur, vous disait qu'il n'était pas content. Et de fait, il n'était pas content. Mais il oubliait vite, et on le retrouvait bientôt, aimable et empressé, comme un solliciteur, vous demandant de lui faire le plaisir d'accepter sa bien modeste obole. Je n'ajouterai qu'un mot, la mort ayant délié du secret. Ce sont ses libéralités qui ont rendu possibles les messes dites chaque mois à perpétuité pour le repos éternel des prêtres du diocèse de Reims.

Nous n'avions pas d'ami meilleur, et son respect de l'autorité nous apprenait l'obéissance. Il avait une expression consacrée : « Ce sont les supérieurs, disait-il, il faut leur obéir. » Et lui-même, vieillard vénérable, obéissait avec l'humilité et la docilité d'un enfant.

« Tout le royaume, dirai-je, en empruntant les paroles de Bossuet, faisait des vœux pour la prolongation de ses jours : on se reposait sur sa prévoyance et ses longues expériences étaient pour l'État un trésor inépuisable de sages conseils ; et sa justice, sa prudence, la facilité qu'il apportait aux affaires lui méritaient la vénération et l'amour de tous les peuples [1]. »

La mort venait pourtant, qui révèle en pleine lumière les grandeurs et les faiblesses de l'âme.

Mgr Vassal, qui prévoyait longuement, entendait bien ne pas se laisser surprendre par l'inévitable visiteuse, mais la recevoir, quand elle se présenterait, avec son calme et sa dignité coutumière : en prêtre. Aussi ne prêtait-il pas l'oreille aux paroles par lesquelles on endort la vigilance des timides, mais devinant son interlocuteur, il l'interrompait doucement : « Je n'ai pas peur de la mort, disait-il ; ce sera quand le Bon Dieu voudra. » On admirait et on enviait.

Aussi bien Dieu le détachait-il visiblement de la terre. Les années de vieillesse l'avaient grandi, mais en l'isolant. En dépit des amitiés plus jeunes qui se groupaient autour de lui, le vieillard se sentait presque seul, bien loin en avant de l'immense armée humaine.

Morts ses Archevêques : le Cardinal Gousset, Mgr Landriot, le Cardinal Langénieux ; morts tous les Archiprêtres ses collègues, l'abbé Dunaime, l'abbé Drubigny, l'abbé Dervillé, Mgr Garot, l'abbé Gillet ; Martincourt, Desoize, Pierret, Robert, Bouché, Collignon, Deglaire ; — ah ! Deglaire ! — Deglaire, Thirriet, Péchenart et Baye, mortes aussi les amitiés d'enfance :

---

[1] Oraison funèbre de Michel le Tellier.

morts son père et sa mère ; mort son frère ; morts aussi déjà les jeunes vicaires aux illusions desquels il avait paternellement souri : Dedin, Lacroix, Roger ! Et puis le monde extérieur se fermait lentement ; ses pas ne le portaient plus au delà de sa maison et de l'église ; ses oreilles étaient sourdes à tous les bruits de la terre ; ses yeux ne voyaient plus ; et voici qu'il était si faible qu'il ne pouvait plus se soutenir à l'autel. C'était bien la mort cette fois, et le dernier exemple à donner.

Eh bien, il le donnerait ! Il fit son âme plus calme, son extérieur plus majestueux et plus grave, comme pour célébrer une messe dont il serait l'hostie. Il confessa ses fautes, reçut le Corps de son Dieu, les onctions suprêmes et, priant, attendit. La mort tarda, hésitante en présence de cette victime magnifique ; et quand il lui fallut jeter un voile sur cette forte raison qui n'avait jamais dévié, comme prise de pudeur, elle ne fit passer à travers les ombres avant-coureurs que les images saintes qui avaient peuplé sa vie ; et l'on entendait le mourant murmurer les prières liturgiques de messes qui ne s'achèveraient qu'au ciel.

Tel fut l'homme et le prêtre que « sa modération a toujours mis au-dessus de sa fortune [1] ». Nous l'avons pleuré parce qu'avec lui s'est enseveli quelque chose de notre bonheur ; nous avons prié pour lui, parce qu'étant homme, il a péché ; nous gardons son souvenir.

Et parce que ce souvenir sera, si nous y sommes

[1] Oraison funèbre de Michel le Tellier.

fidèles, une force et une lumière pour notre vie, souffrez, Monseigneur, que je dépose sur votre cercueil, comme une palme d'inestimable prix, notre impérissable gratitude.

Au nom des incroyants qui admirèrent votre justice, des paroisses dont vous avez été le pasteur, des pauvres que vous avez aimés, des enfants dont vos écoles ont recueilli la faiblesse, des communautés religieuses qui vous vénéraient comme un père, du clergé dont vous étiez la couronne [1], de vos amis qui ont perdu votre conseil, votre affection, votre refuge ; au nom de Mézières et du diocèse de Reims tout entier, soyez béni, soyez remercié et priez encore pour nous.

Ainsi-soit-il.

[1] « Il nous semble qu'un vide s'est fait dans nos rangs, que rien ne saura combler; cette mort nous découronne. » (Éloge funèbre de Mgr Vassal, par M. l'abbé Neveux, vicaire général, 27 Février 1912.)

REIMS — IMP. LUCIEN MONCE, 71, RUE CHANZY